Este livro é para Maiara

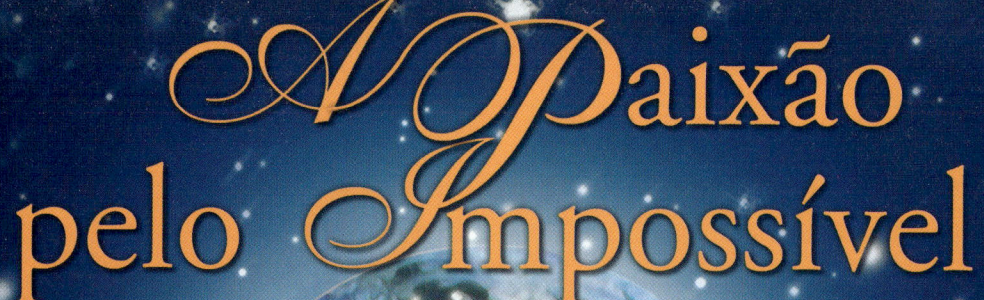

A Paixão pelo Impossível

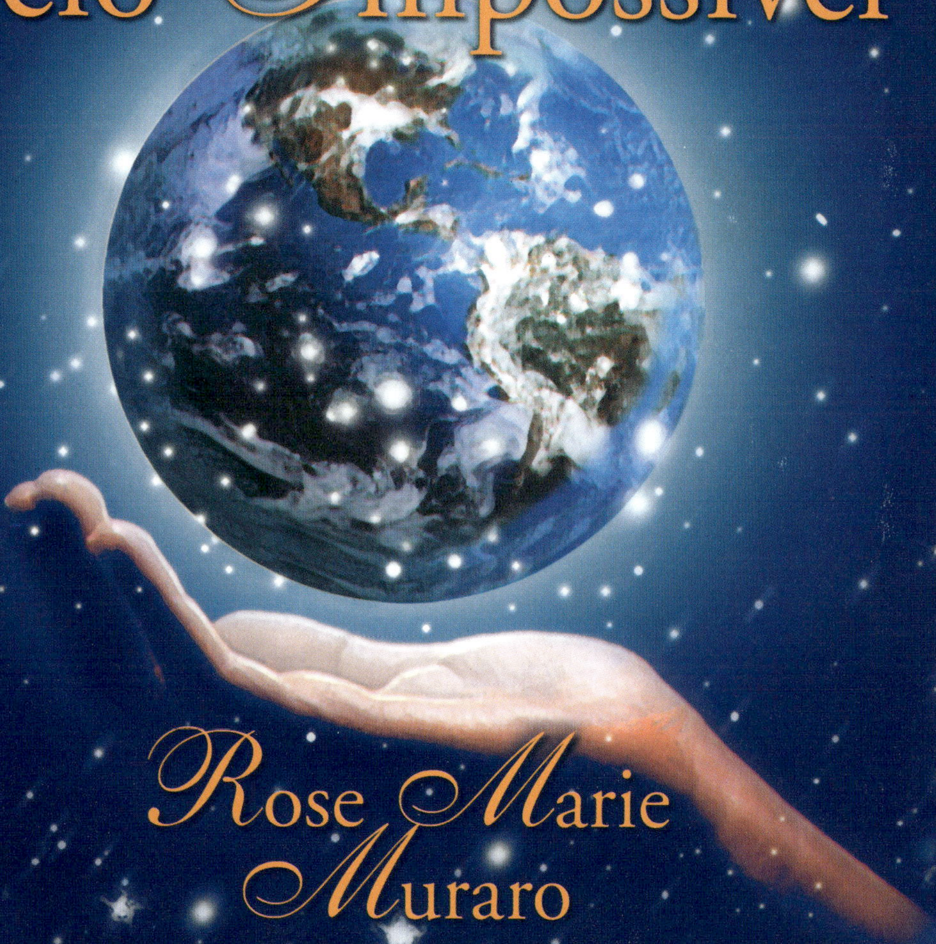

Rose Marie Muraro

Maiara, meu amor.
Quando você tinha oito anos
um dia eu perguntei:
Qual é o principal dever da criança?
Eu esperava que você dissesse:
"Brincar." "Estudar", algo assim.

Mas você me disse muito séria:
"É ser presidente da República!"
Por isso, tanto tempo depois,
resolvi escrever um livro pra você,
porque você, como eu,
tem a paixão pelo impossível.

Agora que você é uma linda jovem, tem mais ou menos uns três metros de altura, cabelos negros até a cintura, talvez já seja capaz de entender até onde essa paixão pode ir.

Este livro é a história do impossível.

A história do impossível começa com a própria vida e só existe vida quando o impossível acontece!

Há bilhões de anos, a nossa Terra era uma bola fervendo... Uma verdadeira batata quente!

Estava tudo misturado:
os mares, as terras, as nuvens.
Bem ao gosto de Deus.
Ele se divertia à beça com
aquela confusão.

Aí se passaram alguns milhões de anos
e tudo, tudinho foi se acalmando.
O pôr-do-sol sobre o mar,
que ninguém via,
era pra lá de espetacular!

As águas
se dividiram das terras e,
quando o planeta se zangava,
apareciam as montanhas.
Era cada terremoto!

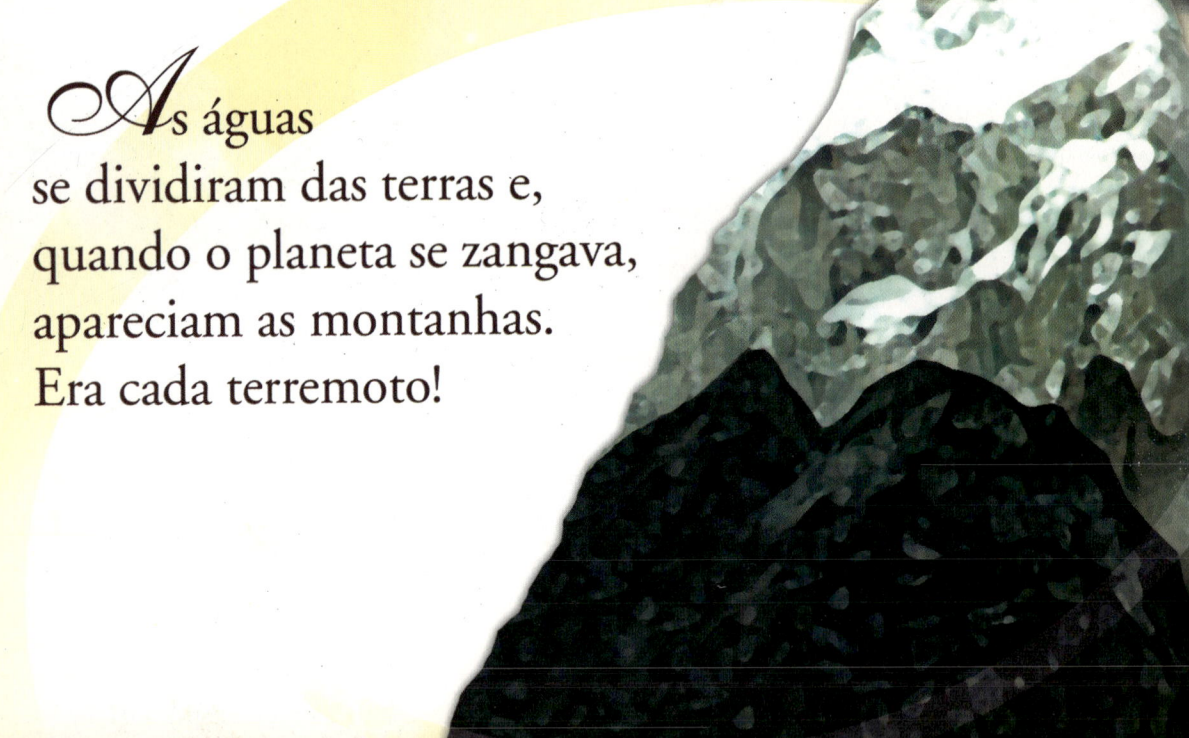

Mais alguns milhõezinhos de anos
e alguma coisa começou a se mexer no mar.
O calor do sol fazia as primeiras partículas
se juntarem ou se trombarem umas com as outras
ao balanço das águas. Era uma gigantesca sopa.

Elas ficaram outros milhões de anos
experimentando de tudo,
até que o impossível
aconteceu:

a vida

Aliás,
por falar em impossível,
o primeiro impossível foi quando Deus
tirou o universo do nada e aquilo explodiu
num segundo em trilhões de estrelas. Foi lindo!
Foi o mais lindo impossível que jamais houve.
Tudo brotou do nada:

Big Bang

Mas, como eu ia dizendo, aqui na Terra,
de tanta trombada apareceram as primeiras moléculas.
A molécula é uma porção de partículas juntas
com um sentido e não de qualquer jeito.

Umas se chamavam enzimas;
outras, maiores, proteínas;
e havia os cristais que eram um arraso de beleza.
E tudo isso se partia
e se multiplicava, formando conjuntos
cada vez maiores e mais lindos.

E aí surgiram
dentro de toda essa riqueza
os primeiros seres vivos.
Eles eram mínimos, invisíveis,
mas se multiplicavam rápido, rápido:
os micróbios.

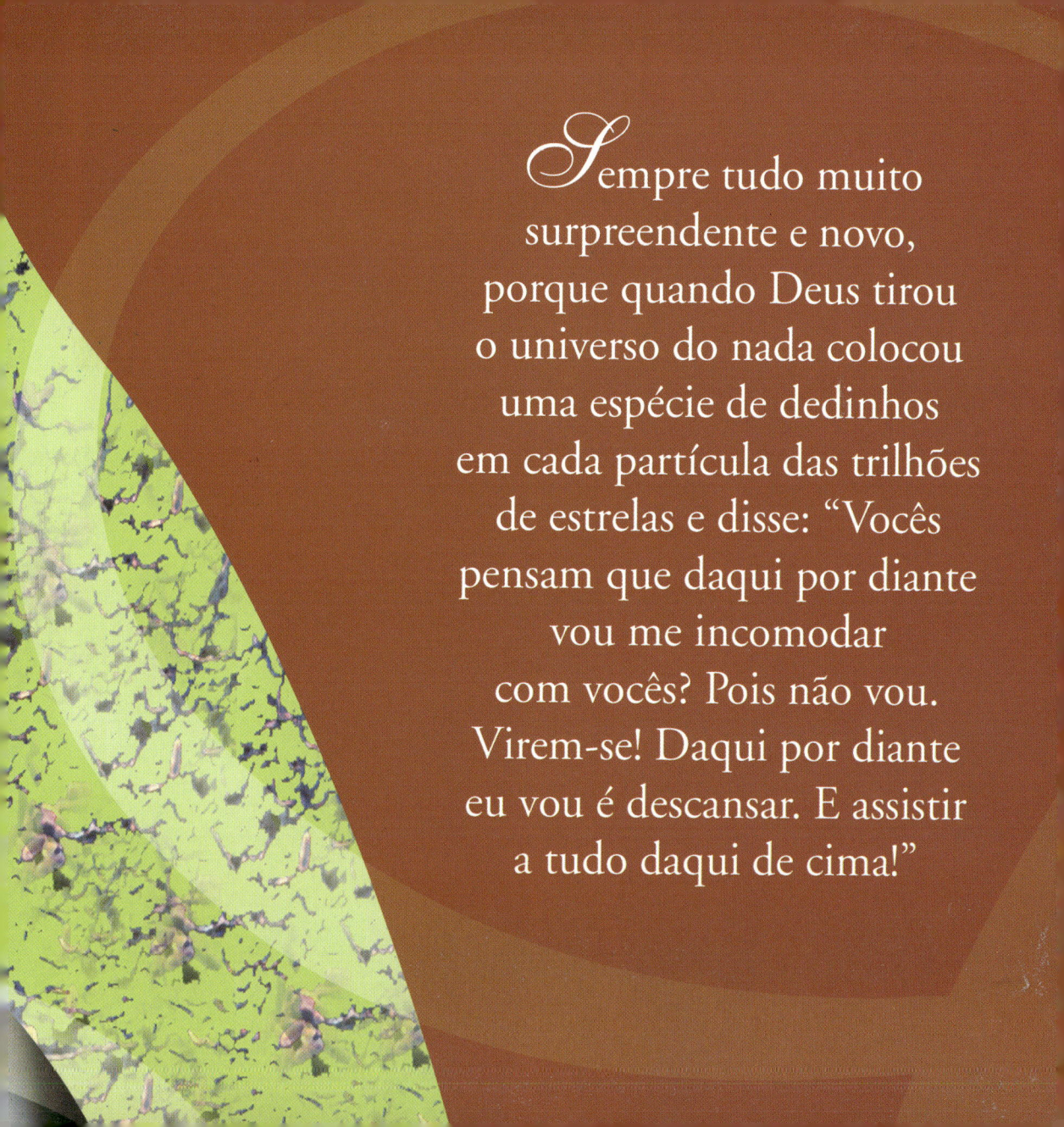

Sempre tudo muito surpreendente e novo, porque quando Deus tirou o universo do nada colocou uma espécie de dedinhos em cada partícula das trilhões de estrelas e disse: "Vocês pensam que daqui por diante vou me incomodar com vocês? Pois não vou. Virem-se! Daqui por diante eu vou é descansar. E assistir a tudo daqui de cima!"

E estamos nos virando até hoje.
Tudo o que se assemelha se encontra –
e as partículas que não gostam das outras
se repelem, de mil maneiras!
Tal como a gente!

Assim é o universo e a vida.
Quando os "dedinhos" se juntam a vida cresce,
quando eles se repelem,
têm que começar tudo de novo.
E isto explica tanto a órbita das estrelas
como o meu amor por você,
minha filhinha!

Os cientistas chamam esses "dedinhos" de "atratores" e "repulsores". Os seus encontros e desencontros são ilimitados, mas não infinitos. Eles têm aquilo que se chama coerência, isto é, um sentido. E o impossível acontece quando aparece o novo, aquilo que é diferente de todo o resto. O possível é quando a mesmice continua mandando.

Então: primeiro é a confusão
e depois as coisas vão se organizando.
Do caos brota a ordem! Já viu que luxo?

Deus é muito inteligente mesmo!

•

Já se haviam passado mais de dois bilhões de anos e a vida ia se desenvolvendo. Cada espécie nova era um novo impossível que tomava forma.

•

A vida se alimentava de impossíveis...

Quer ver um deles?
A vida começou no mar.

Um dia, um daqueles bichinhos resolveu pôr um pezinho na praia. Impossível? Ele não sabia respirar mas aprendeu! Pois sim que ia perder essa oportunidade de conhecer coisas novas e interessantes!

Os outros, os sem coragem de tentar coisas novas, continuaram na mesmice e continuam iguaizinhos ao que eram há milhões de anos. Eles se acomodaram no possível, na mediocridade. Até hoje!

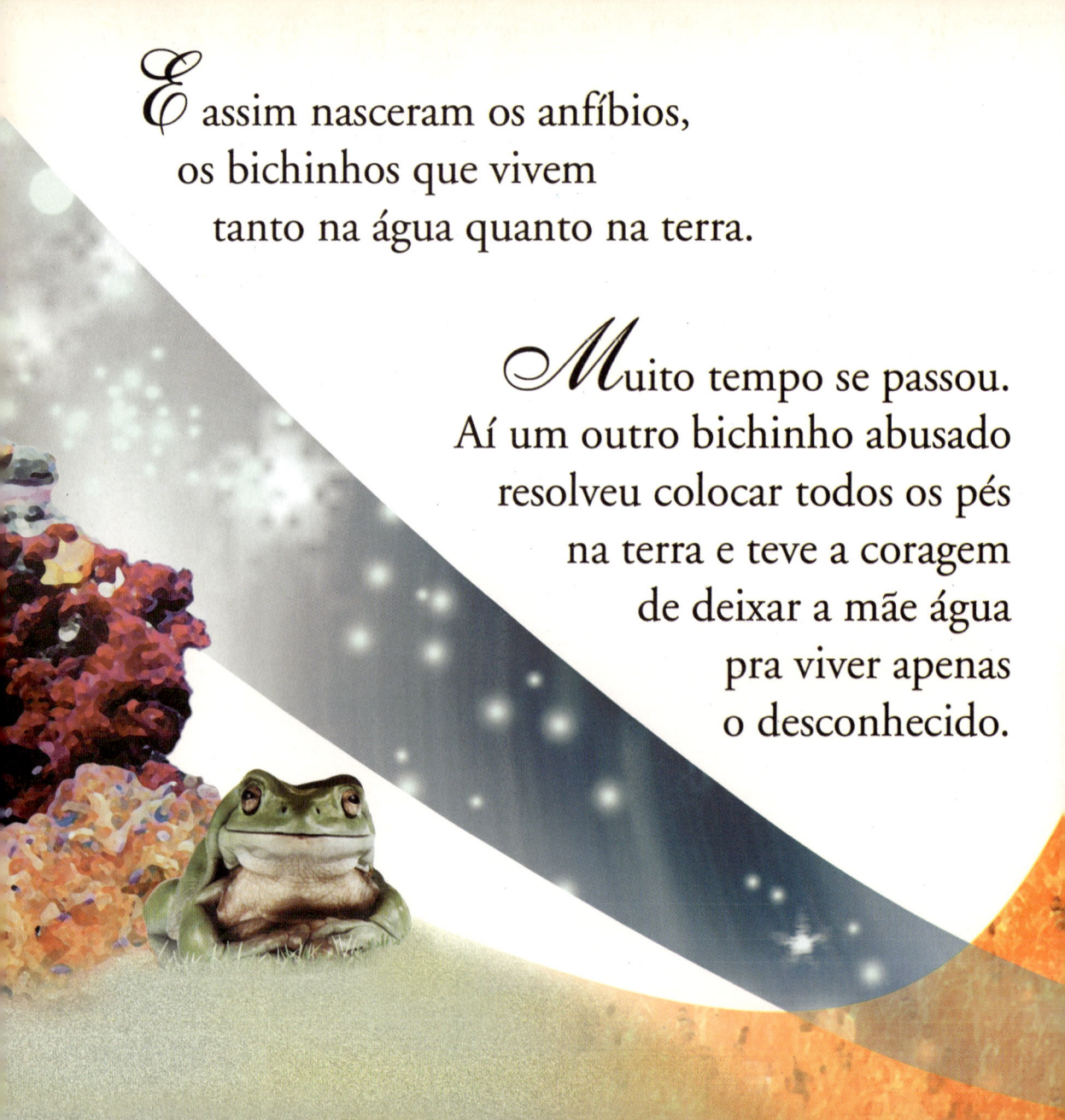

E assim nasceram os anfíbios, os bichinhos que vivem tanto na água quanto na terra.

Muito tempo se passou. Aí um outro bichinho abusado resolveu colocar todos os pés na terra e teve a coragem de deixar a mãe água pra viver apenas o desconhecido.

E a terra se enchia de vida.
Plantas, flores, borboletas,
seres lindíssimos...

ℰ aí um deles resolveu
viver o impossível pra valer:
o sonho de qualquer ser vivo.
E se despregou da terra e voou.

Livre! Livre! Livre!

Ele não tinha medo do impossível.

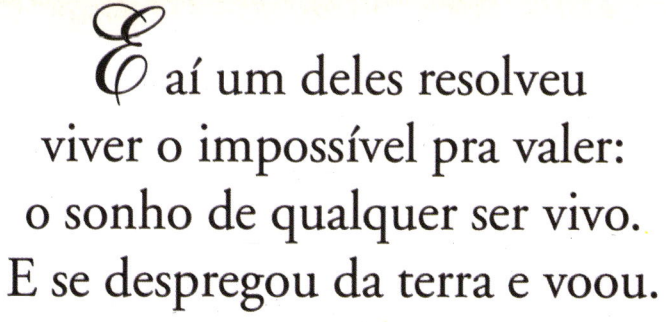

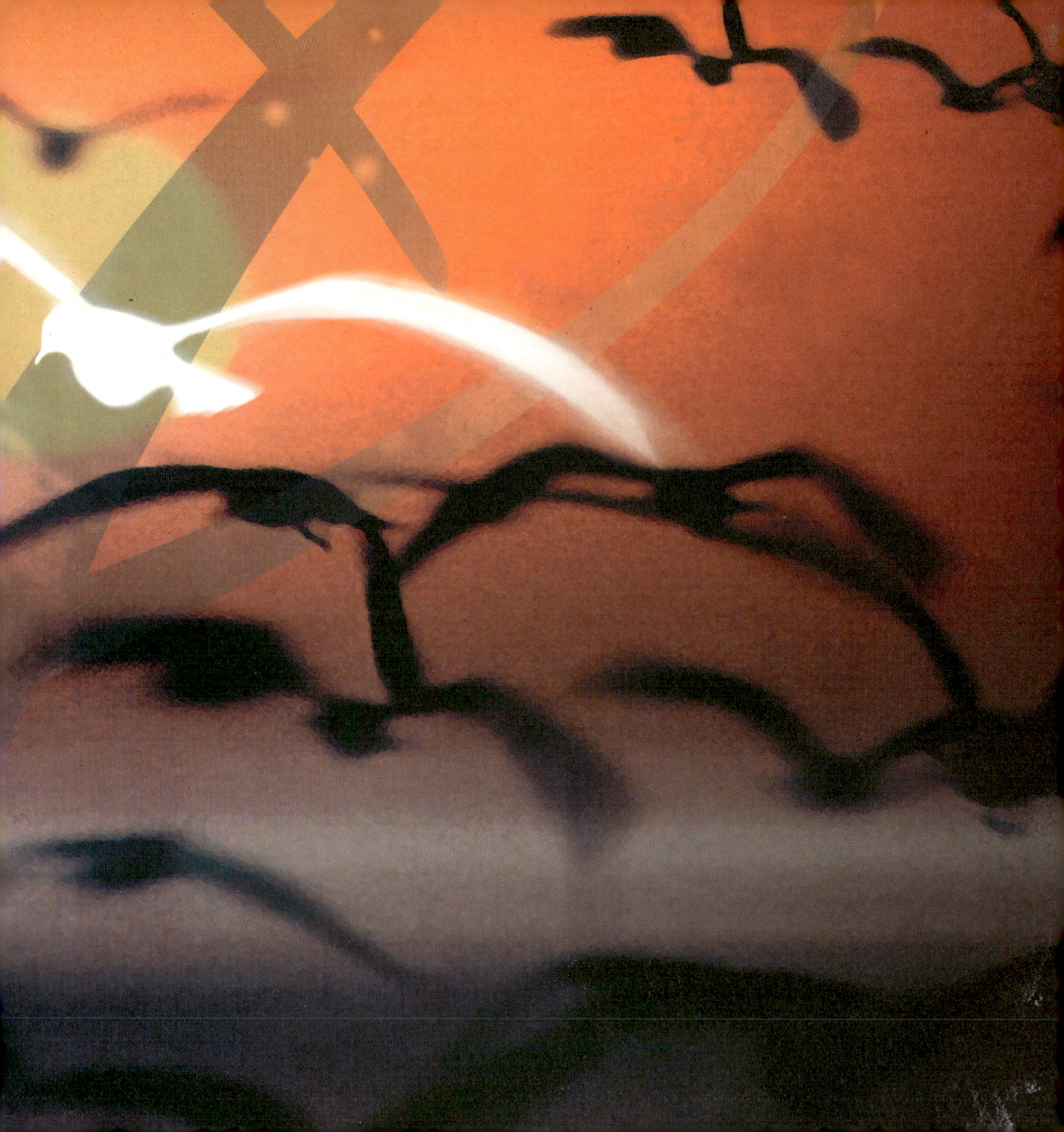

Lá de cima o azul do céu
se misturou com o azul do mar
e o verde da terra.
Ele podia ver tudo junto.
Era um primeiro gosto das coisas eternas.

Enquanto isso, aqueles que continuaram na vidinha de sempre estão iguaizinhos, iguaizinhos...

Na terra,
as cobras e os crocodilos
arrastavam-se e os macacos
se penduravam nas árvores
até que...

Um dos macacos
– coitado –,
mais fraco do que os outros,
teve que jogar firme
no impossível
pra poder sobreviver.

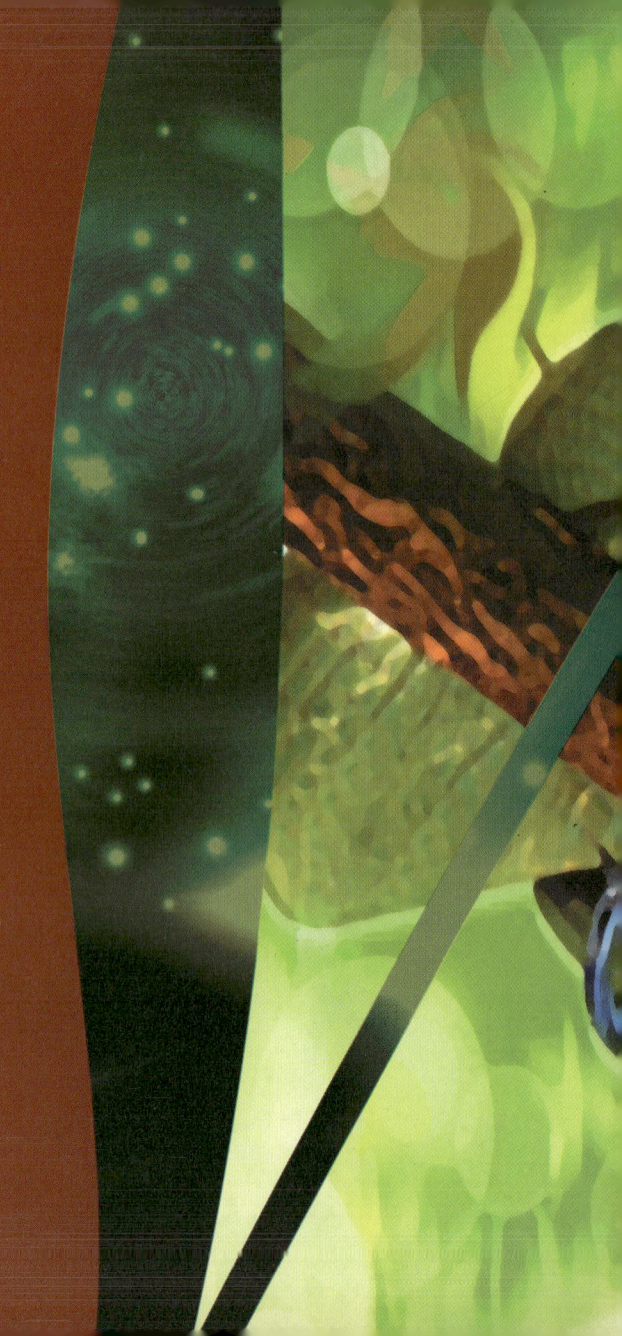

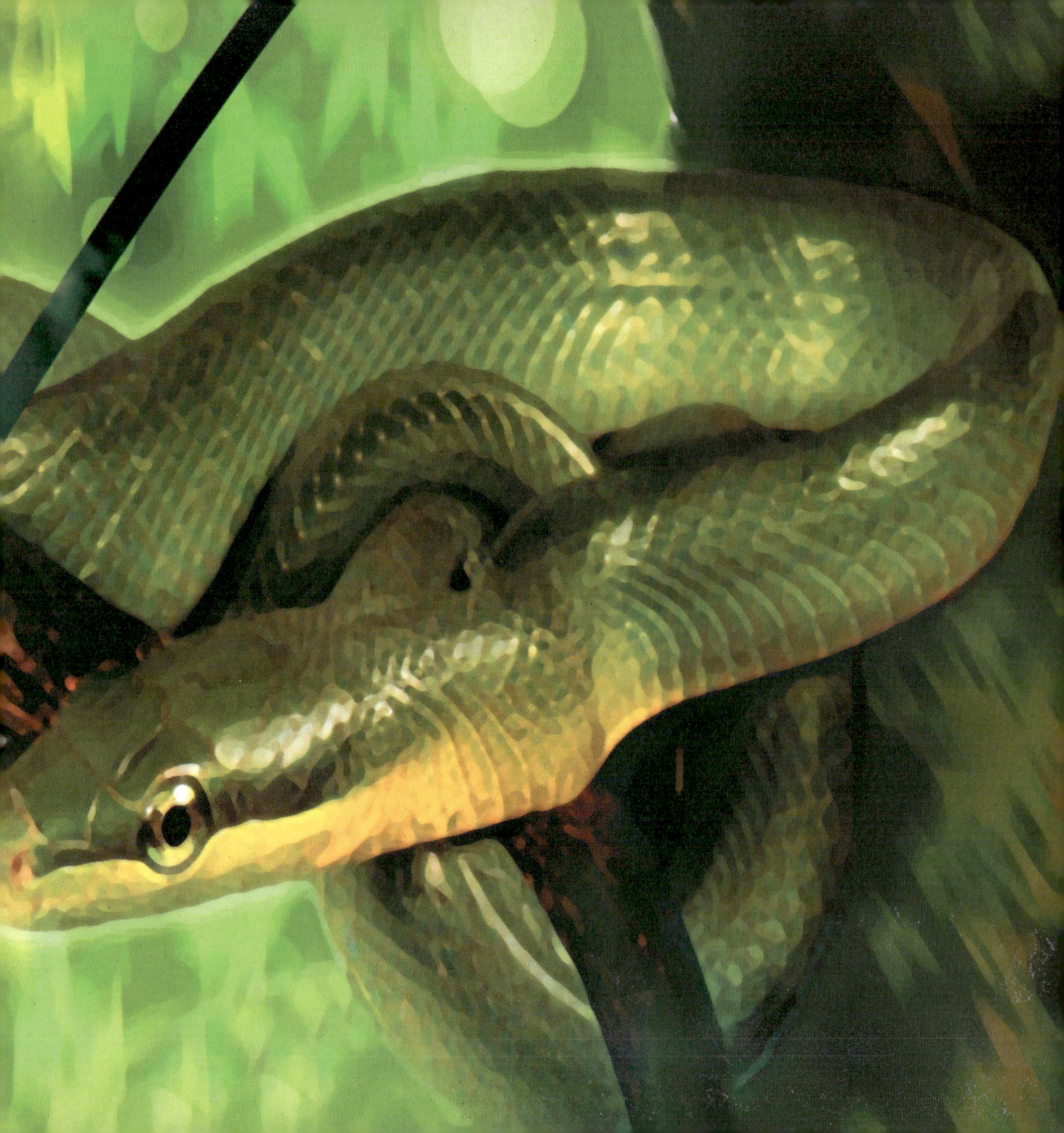

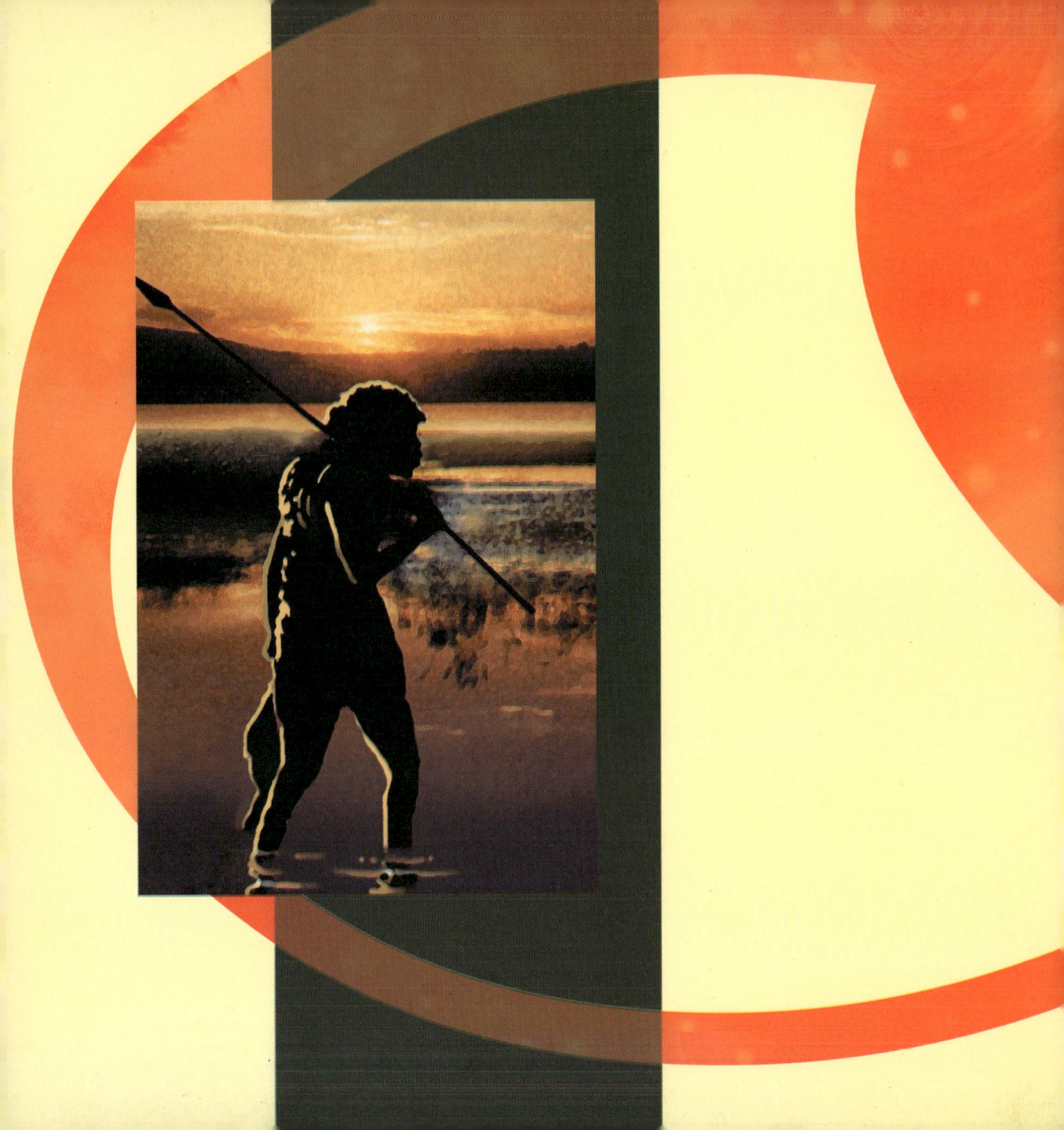

Ele teve mesmo que
se especializar no impossível.
Aprendeu a andar sobre dois pés
e, com isso, conseguiu correr
mais do que os outros.

Aprendeu a usar o polegar
e apanhou mais comida
e mais e mais coisas.

E começou a inventar.
Inventou de tudo
porque era mais fraco do que os outros.

Maiara,
só o impossível faz a gente criar!

O ser humano
inventou instrumentos,
casas, cidades, impérios,
começou a mergulhar
pelos oceanos como os peixes
e a voar nos céus como
os pássaros.

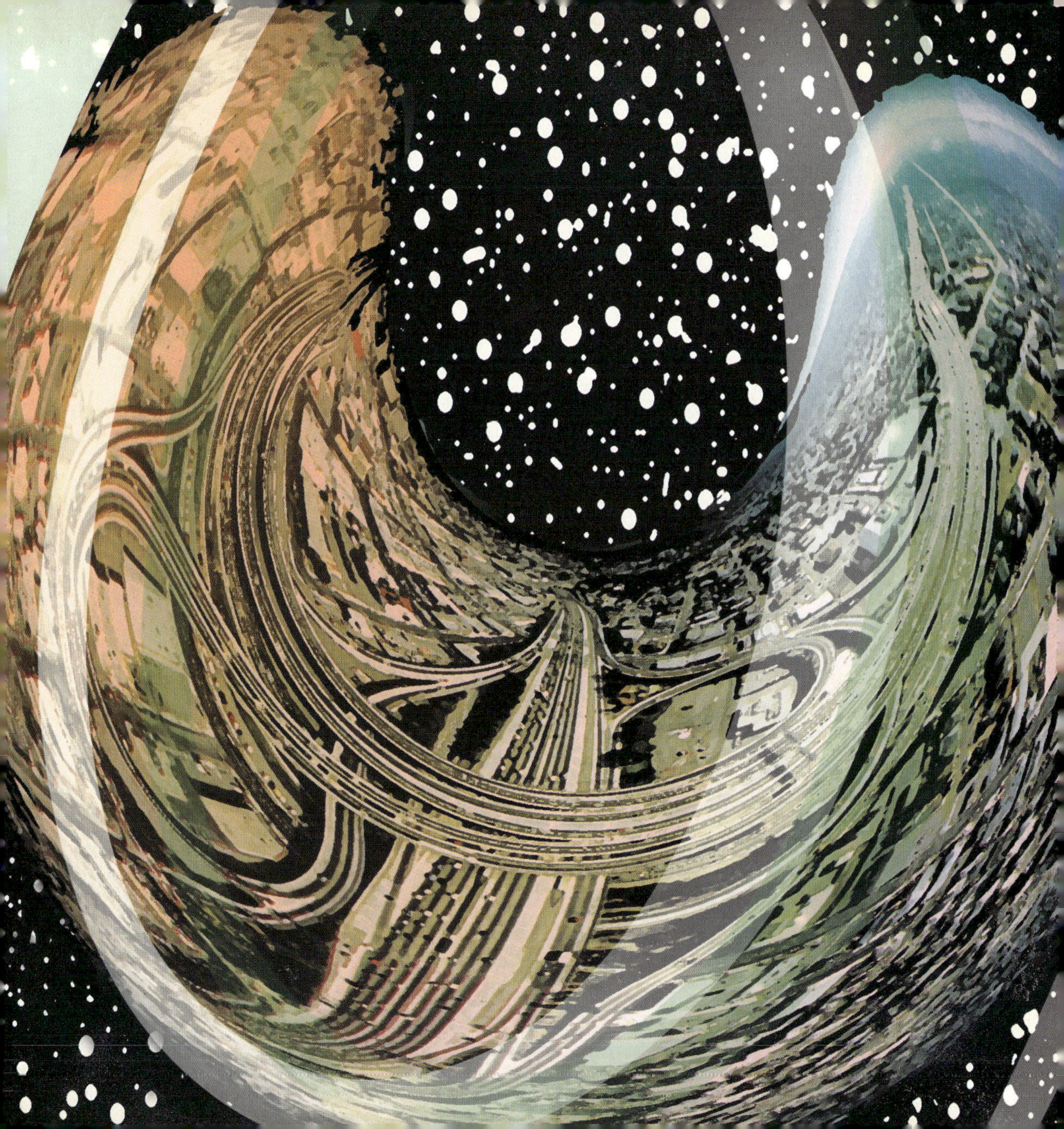

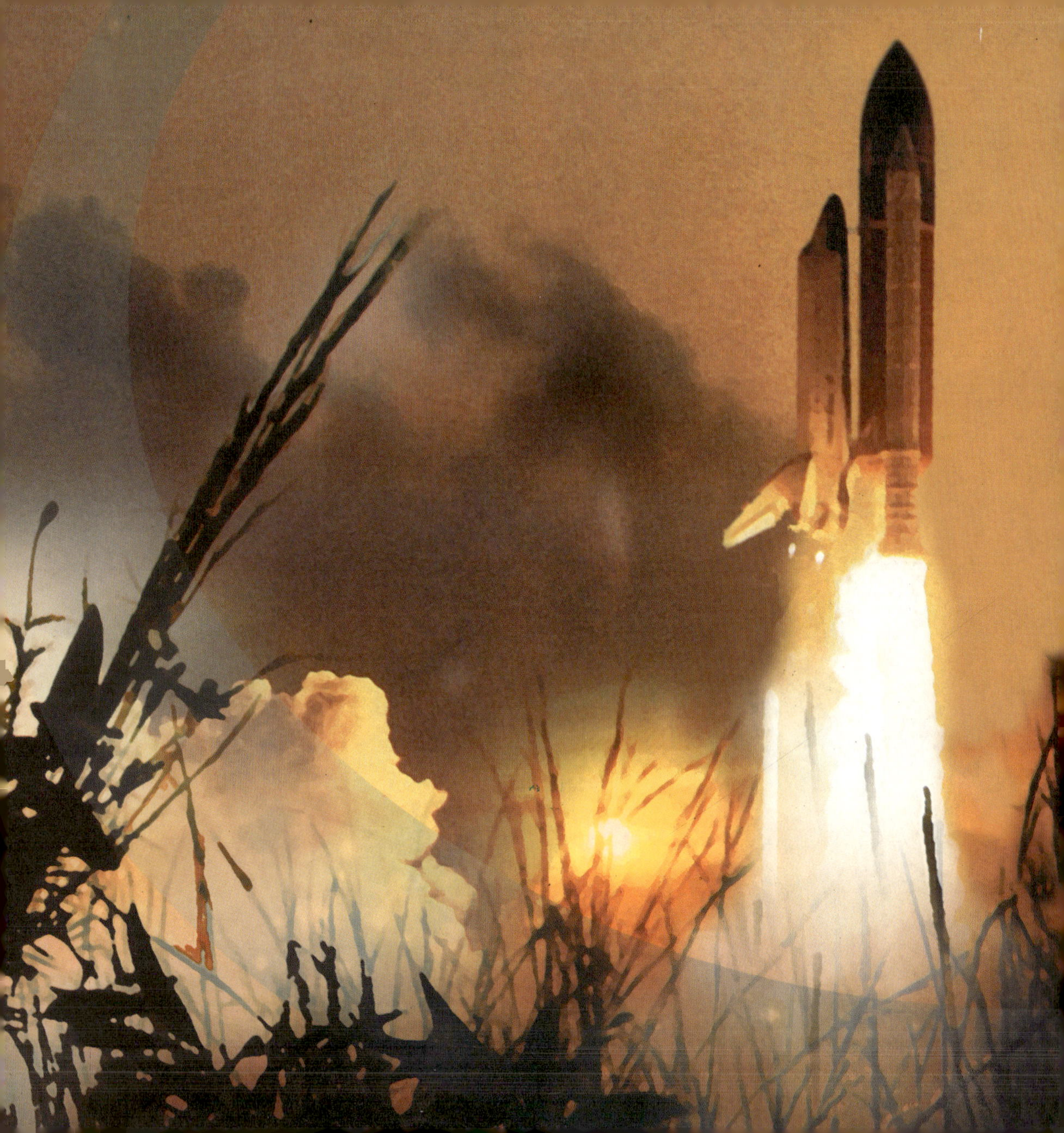

E está querendo ir para os outros planetas! É mole?

Mas você não se iluda, Maiarinha.
Nem todos os seres humanos são assim,
a maioria se acomodou no possível
como os micróbios que não tiveram coragem de
se transformar e ainda são micróbios.
E os peixes também.
E os pássaros que só sabem voar e não pensam.
E os macacos que ainda continuam nas árvores...

...e esses homens acomodados
são os que estão destruindo o nosso planeta,
os que fazem guerras por mais poder.

Destruir
é mais fácil do que criar.

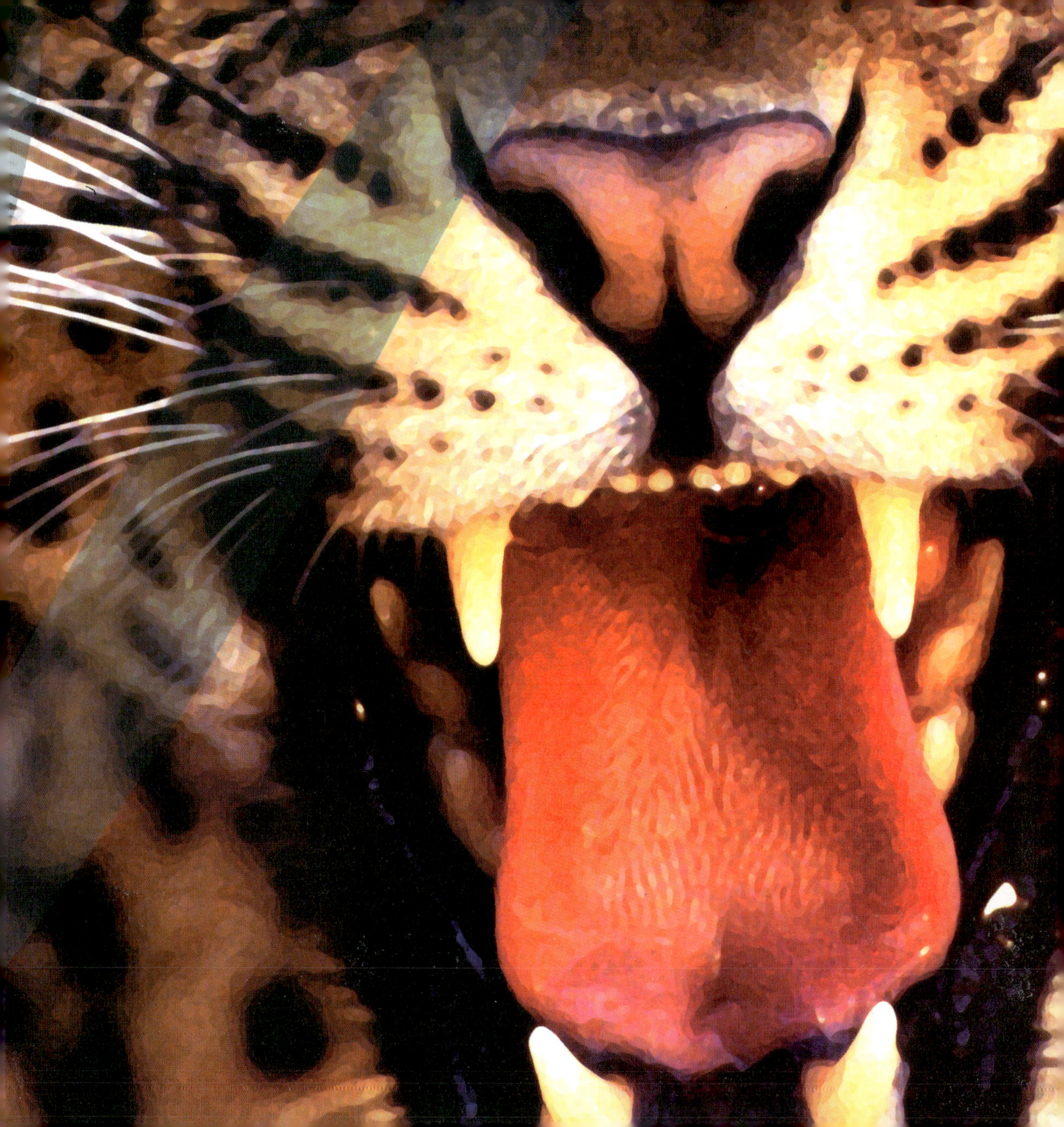

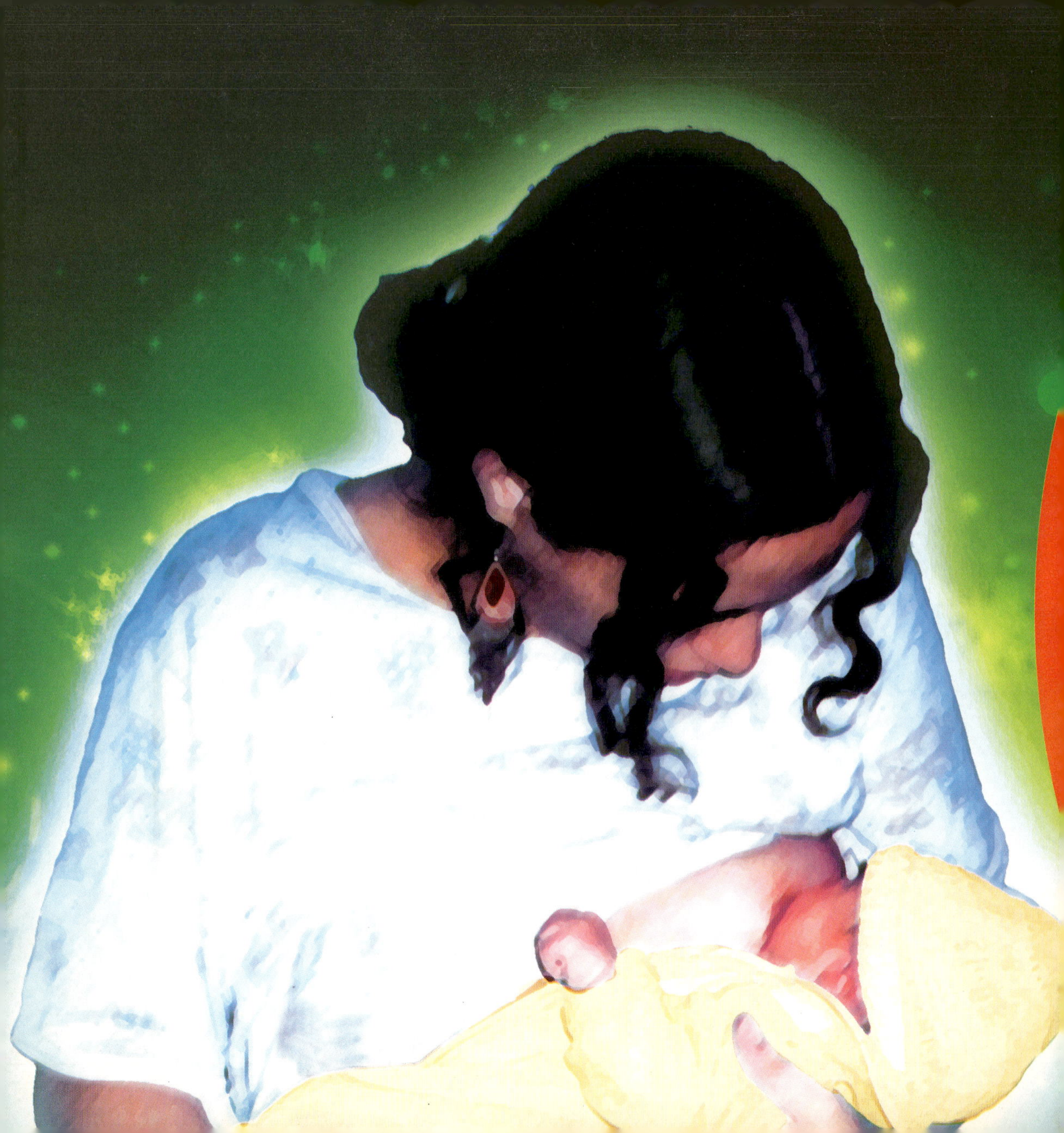

O impossível
é lutar por mais vida...

Só cria quem ama,
quem quer melhorar
a vida pra todos.

É por isso que
as pessoas egoístas,
que só pensam nelas,
destroem tudo
ao seu redor.

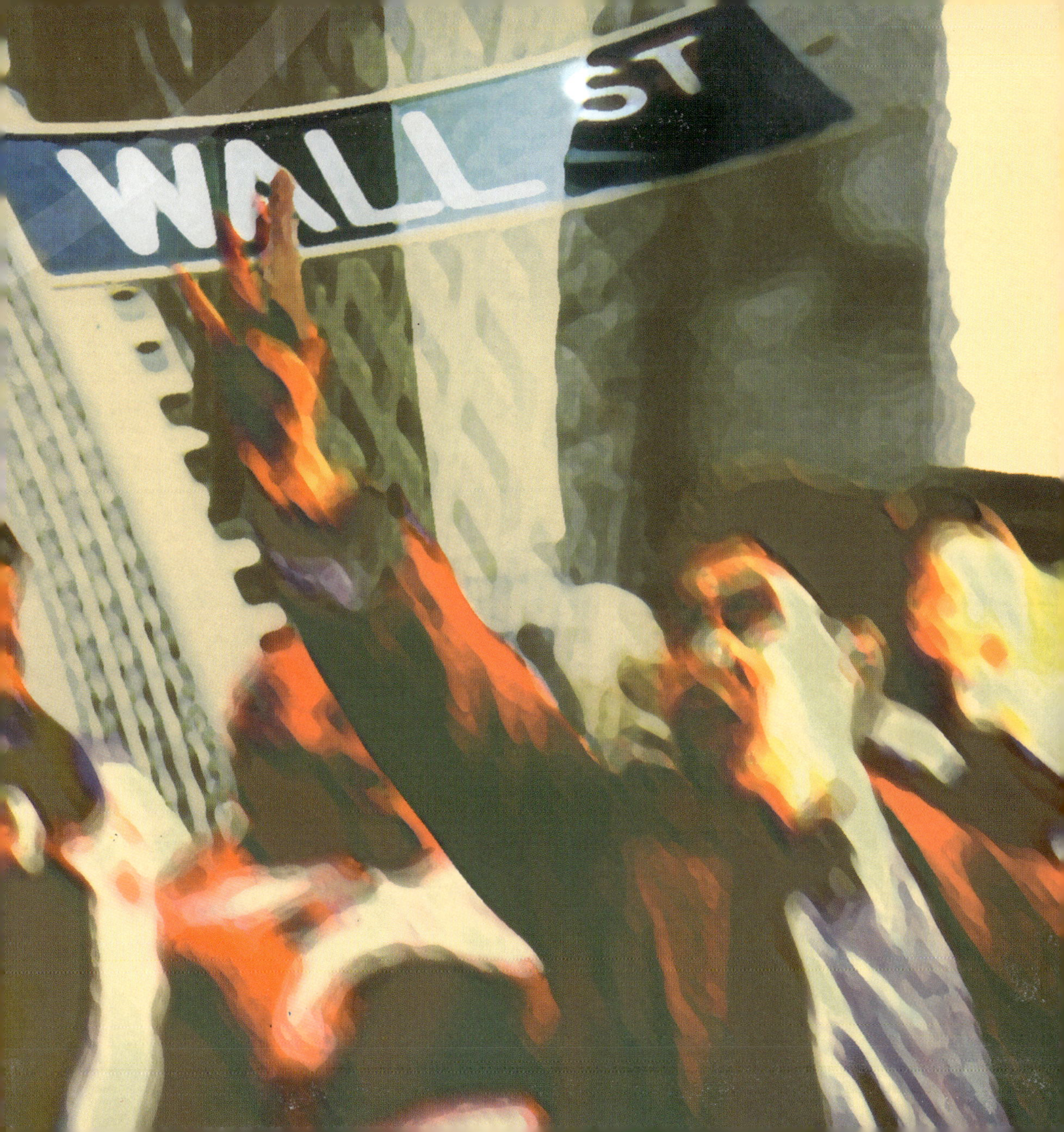
WALL ST

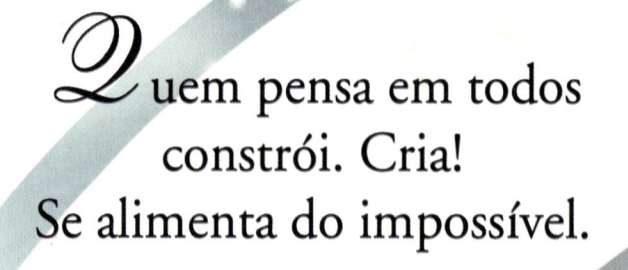

Quem pensa em todos constrói. Cria!
Se alimenta do impossível.

E amar é isso!

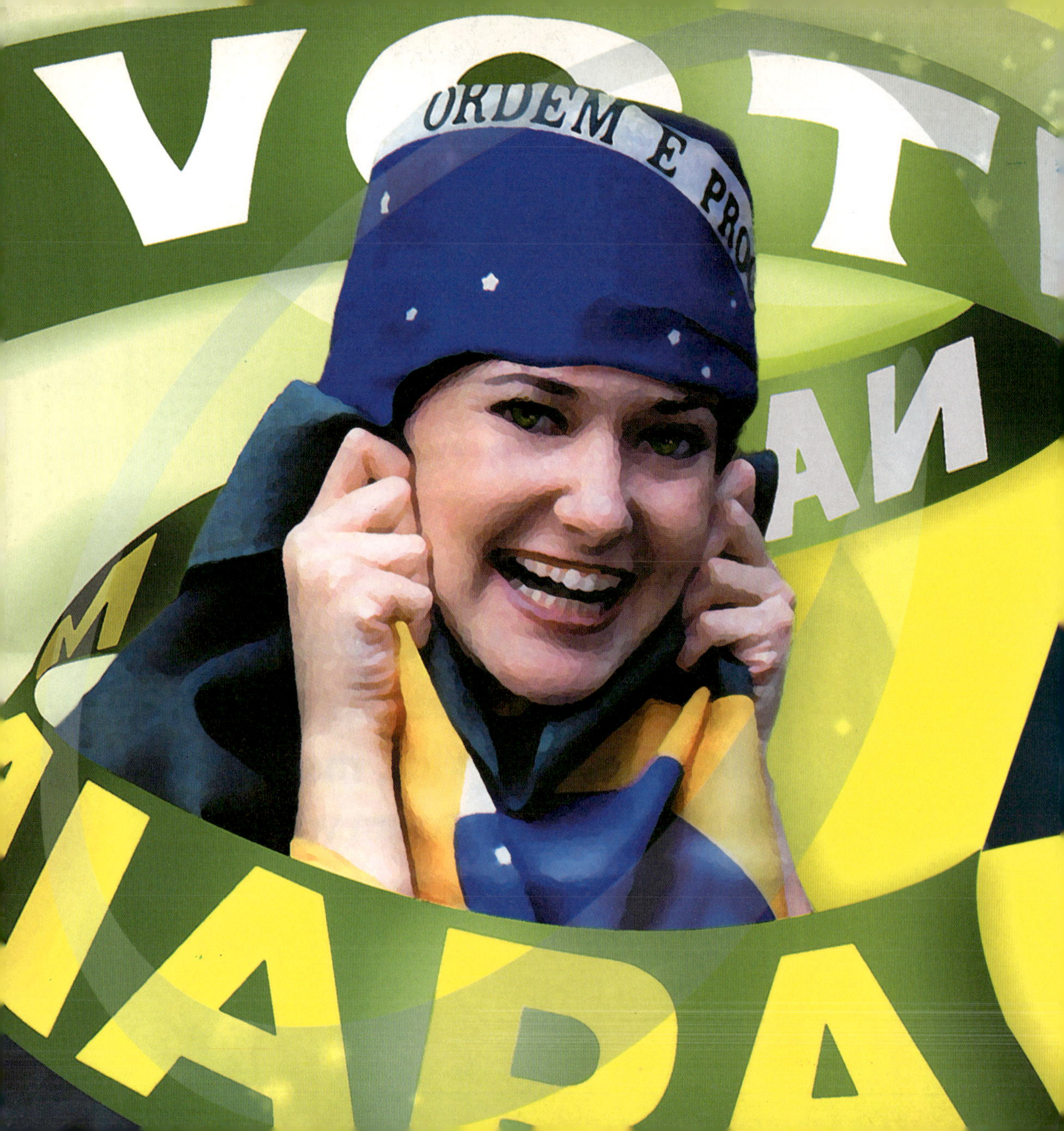

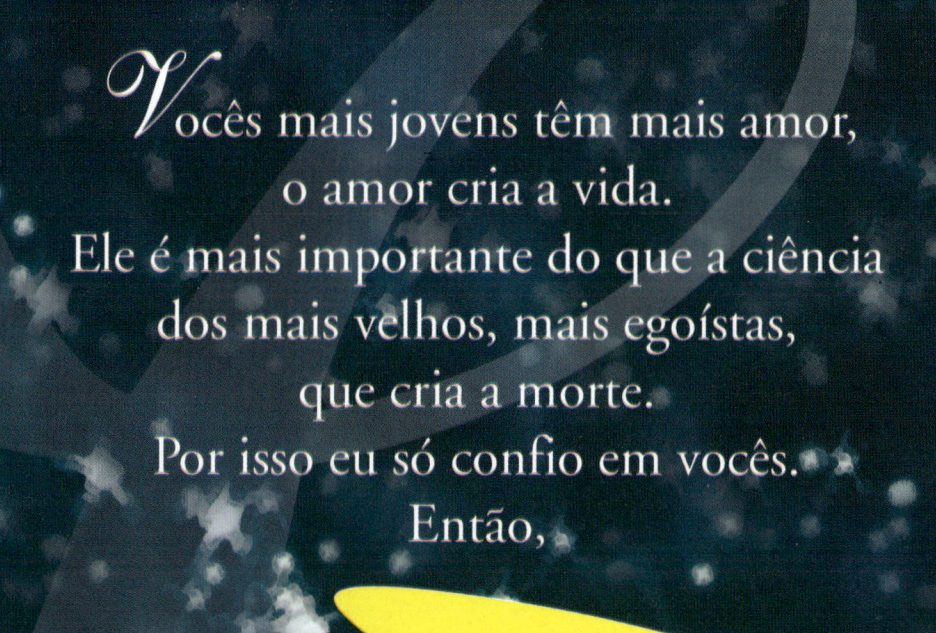

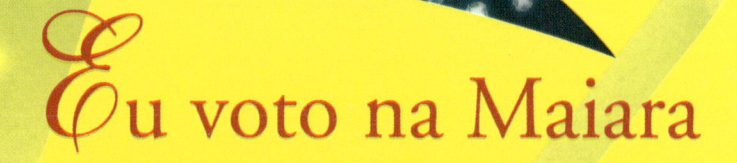

Vocês mais jovens têm mais amor,
o amor cria a vida.
Ele é mais importante do que a ciência
dos mais velhos, mais egoístas,
que cria a morte.
Por isso eu só confio em vocês.
Então,

Eu voto na Maiara

IMPRESSO NA ARTPRINTER
EM DEZEMBRO 2003

Copyright © 2003 A Girafa Ltda.
Copyright © 2003 Rose Marie Muraro
Não é permitida a reprodução desta obra, parcial ou integralmente,
sem a autorização expressa da editora e do autor.

Planejamento Gráfico
Celso Cunha Júnior
Gláucio Cunha Cruz Pereira
Eduardo Santos
Myoung Youn Lee

Scaneamento de Imagens e Execução
Quarter Editora e Comunicação

Dados Internacionais de Catalogação na Publicação (CIP)
(Câmara Brasileira do Livro, SP, Brasil)

Mararo, Rose Marie
A Paixão pelo impossível / Rose Marie Muraro. — São Paulo :
A Girafa Editora, 2003.

ISBN 85-89876-14-4

1. Autoconfiança 2. Auto-realização
3. Conduta de vida
4. Felicidade 5. Sucesso I. Titulo

03-6378   CDD-158.1

Índices para catálogo sistemático:
1. Vitória sobre o impossível : Psicologia aplicada
158.1

Primeira edição
2003
Os direitos para publicação desta obra em língua
portuguesa estão reservados por
A GIRAFA EDITORA LTDA.
Av. Angélica, 2503, cj. 125
01227-000 – São Paulo – SP
www.agirafa.com.br